글 패트리시아 페르난데스 비에베라흐

칠레 출신인 패트리시아 페르난데스 비에베라흐는 어린이·청소년 전문 심리학자이자 작가입니다. 아이들의 심리와 내면의 감정을 표현하는 다양한 책을 출간하면서 어린이·청소년 정서적 건강을 위한 치료 활동도 병행하고 있습니다. 지은 책으로는 《공감》, 《내 몸이 말한다》, 《내 몸이 느낀다》 등 다수가 있습니다.

그림 타니아 레시오

콜롬비아 출신인 타니아 레시오는 멕시코 최고의 명문 멕시코국립자치대학교(UNAM)에서 예술 및 디자인 학부를 졸업했습니다. 현재 멕시코와 콜롬비아, 칠레의 여러 출판사에서 어린이 책 관련 일러스트레이터로 활동하고 있습니다. 지은 책으로는 《흰 토끼에게 옷을 입히세요》, 《이상한 나라의 앨리스》 등 다수가 있습니다.

옮김 김영옥

문화와 언어의 차이를 넘어 원작의 감동을 고스란히 독자의 가슴에 전하고자 번역에 매진하고 있습니다. 글밥아카데미 출판번역 과정을 수료하고, 현재 바른번역 소속 번역가로 활동하고 있습니다. 옮긴 책으로는 《엄마가 이끌어요》, 《크리스마스 할아버지와 나》, 《크리스마스를 구한 소녀》, 《호킹과 신비한 블랙홀》, 《어떤 개를 찾으세요?》 등 다수가 있습니다.

내 감정이 하고 싶은 말

초판 1쇄 인쇄 2024년 04월 10일   초판 1쇄 발행 2024년 04월 20일

글 패트리시아 페르난데스 비에베라흐   그림 타니아 레시오   옮김 김영옥

펴낸이 이상순   주간 서인찬   영업지원 권은희   제작이사 이상광

펴낸곳 (주)도서출판 아름다운사람들   주소 (10881) 경기도 파주시 회동길 103
대표전화 031-8074-0082   팩스 031-955-1083   이메일 books777@naver.com   홈페이지 www.book114.kr
ISBN 978-89-6513-799-3 73870

Copyright © 2023, Editorial Amanuta Limitada
Under the title "Emociones para contar"
Copyright © 2023 Patricia Fernández Bieberach (Text)
Copyright © 2023 Tania Recio (Illustrations)
This edition was published by arrangement with MARINA Books Literary Agency, Barcelona, Spain, in conjunction with AMO Agency, Korea.

이 책의 한국어판 저작권은 AMO에이전시를 통해 저작권자와 독점 계약한 아름다운사람들에 있습니다. 저작권법에 의해 한국 내에서 보호를 받는 저작물이므로 무단 전재와 무단 복제를 금합니다.

이 도서의 국립중앙도서관 출판예정도서목록(CIP)은 서지정보유통지원시스템(http://seoji.nl.go.kr)과 국가자료종합목록구축시스템(http://kolis-net.nl.go.kr)에서 이용하실 수 있습니다. (CIP제어번호 : CIP2020046116)

내 감정이
하고 싶은 말

글 패트리시아 페르난데스 비에베라흐

그림 타니아 레시오

옮김 김영옥

아름다운사람들

그리움

반딧불이들은 모두가 잠든 밤, 숲을 밝히러 날아가요.
꼭 크리스마스 같아요.
낮에는 지난밤을 그리워하며 어둠이 찾아오기를 바라고 또 바라지요.
그런데 어느 날, 아침까지 나와 놀던 반딧불이들은 햇살의 온기를 발견해요.
밤만큼이나 햇살 아래의 세상도 충분히 아름답다는 걸 느껴요.

그리움은 예전의 따뜻하고 빛나는 시간들로 돌아가고 싶은 마음이에요.
지금이 만족스럽지 않다고 느낄 때 그리움은 더 커져요.
하지만 그리움은 지금 우리 곁에도 충분히 멋진 일들이 있으니
지금 이 소중한 시간들을 놓치지 말라고 토닥이고 있어요.

기쁨

나를 아껴주는 친구들이 있어요.
그 친구들과 함께 놀 때는 시간 가는 줄 몰라요.
바나나를 함께 나눠 먹을 땐 더 신나요.
친구들이 모두 행복해 보일 땐 마음 가득 기쁨이 차올라요.
기쁨이 차오를 땐 무엇이든 할 수 있을 것 같아요.
그 에너지는 널리널리 퍼져 정글을 환하게 밝혀줘요.

기쁨은 내가 무얼 좋아하는지 어떨 때 행복한지 알려줘요.
내가 좋아하는 일들을 계속하도록 힘을 줘요.

질투

하이에나는 자기가 왜 사자처럼 웅장하지 않고 멋진 갈기도 없는지 궁금해요.
하이에나는 사자를 힐끔거리며 '흥' 하고 비웃어요.
질투가 나요.
어느 날, 하이에나는 생각해요.
"맞아, 난 영리해. 턱도 튼튼하고, 게다가 나는 이렇게 멋진 친구와 함께 있잖아."
하이에나는 친구들을 바라봐요.

속상하던 마음이 스르르 사라져요.
질투는 내가 얼마나 멋진 걸 가졌는지 잊을 때 생겨나요.
내가 가진 것들이 얼마나 특별한지 알면
질투는 호기심으로 바뀌어요.

사랑

나비와 꽃들은 서로 사랑해요. 기쁠 때 함께 춤을 춰요.
머뭇거릴 때 충분히 생각할 수 있도록 기다려줘요.
부족하고 쪼그라든다고 느낄 때 꼭 안아줘요.
서로를 소중하게 느끼게 해요.

백합은 백합이라 아름답고, 카네이션은 카네이션이라 멋지고
재스민은 재스민이라 특별한 것처럼
사랑은 나라서 충분히 멋지고 아름답다고 느끼게 해요.

무언가를 사랑할 힘만 있다면 흐린 날씨가 오더라도
세상은 온통 장밋빛이에요.

화

용은 아무에게도 해를 끼치지 않고 동굴에서 평화롭게 살고 있었어요.
어느 날, 군사들이 왕의 명령을 받고 들이닥쳐요. 용을 에워싸고 활을 쏘아대지요.
용이 거세게 울부짖자 안에서 불이 '화르르' 뿜어져 나와요.
그 용은 나쁜 용이 아니지만 옳지 않은 일은 도무지 참을 수가 없었어요.
하지만 사람들은 용이 왜 불을 뿜어대는지 알 수 없었어요.

화는 내가 존중받지 못할 때, 옳지 않다고 느끼는 일이 생길 때
목소리를 내고 용감하도록 격려해요.
하지만 화가 난 이유를 알게 하려면
심호흡을 하고 마음을 가라앉힌 후에
침착하게 말해야 해요.

공감

거북이를 본 돌고래는 거북이가 너무 가여웠어요.
마치 자기가 그물에 갇힌 것 같았지요.
거북이를 풀어주러 가야 하지만 도움이 필요했어요.
그래서 돌고래는 온 힘을 다해 '삐이익, 삐이익' 휘파람을 불어요.
구조하기가 쉽지 않아요. 하지만 친구들과 함께 결국 거북이를 구해내지요.

힘든 친구에게 손을 내미는 건
결국 나를 일으켜 세우는 거예요.
공감은 내가 소중한 만큼 너도 소중하기 때문에
함께 살 수 있는 길을 선택하는 거예요.

죄책감

타조는 자기가 한 일을 후회하고 있어요.
작은 새가 놀림을 받을 때 모른 척 했거든요.
'하지마!'라고 말할 수도 있었는데 타조는 고개를 푹 숙인 채 잠자코 있었어요.
아무도 모를 수 있지만 나 자신은 알아요.
죄책감이 머리를 짓눌러요. 도무지 아무 것도 집중할 수가 없어요.
타조는 용기를 내 작은 새를 찾아가요.
"미안해, 널 돕지 못했어. 많이 속상했지?"

죄책감은 더 나은 행동을 하도록 돕는 마음의 경고등이에요.
기억해요. 우리는 완벽하기 때문이 아니라
변할 수 있기 때문에, 더 나아질 수 있기 때문에 멋진 거예요.

슬픔

강아지가 길을 잃었어요.
목구멍에 울컥 덩어리 같은 것이 올라오고 슬픔이 물밀듯 밀려와요.
다른 강아지들은 사랑받으며 신나게 놀고 있어요.
다들 꼬리를 '살랑살랑' 흔들고 있네요.
강아지는 너무너무 슬퍼요. 그때 반가운 목소리가 들려요.

"찾았다!"

슬픔은 내게 소중한 것이 무엇인지 깨닫게 해요.

두려움

병아리는 태어나 처음으로 벌레를 보았어요.
가슴속 심장이 '콩닥콩닥' 뛰어요. 병아리는 '슬금슬금' 뒷걸음질을 쳐요.
소리를 지르고 싶지만 목구멍에서 아무 소리도 새어 나오지 않아요.
병아리는 달려가 엄마 닭의 날개 아래로 숨어버려요.
엄마 닭은 병아리를 꼭 안아준 뒤 벌레를 잡으러 가요. 벌레는 맛있는 먹이거든요.

두려움은 위험한 것을 알려주지만
위험하지 않은 것을 위험하다고 잘못 알려주기도 해요.
새로운 것, 다른 것, 용감한 일을 하려 할 때
우리를 움츠러들게 하고 방해하는 가짜 두려움들이지요.
해보고 싶은 일들이나 용기를 내야 할 때 두렵고 떨린다면 기억해요.
우리에게는 실수할 충분한 시간이 있고 언제나 다시 시작할 수 있다는 것을요.

믿음

동물들은 목이 '바싹바싹' 타지만 계속 앞으로 나아가요.
이제 모두 지쳐 비틀거려요. 투덜대는 친구들도 있어요.
하지만 기린의 마음속에서 포기하지 말라는 목소리가 들려와요.
기린은 계속 가야한다는 확신이 들어요.
길을 이끄는 기린은 묵묵히 발걸음을 옮겨요.

그때 제일 키 큰 기린이 소리쳐요.
"물이다!"

믿음은 모든 것이 잘못되었다고 느낄 때도 희망을 보여줘요.

쑥스러움

모두 자기를 쳐다보자 당황한 토끼의 뺨이 불타오르듯 빨개져요.
토끼는 온몸이 투명해져서 누구의 눈에도 띄지 않기를 바라요.
평소에는 '쫑긋' 세워졌던 귀가 이제 이마 위로 '축' 늘어져요.
순간, 토끼는 정신을 차리고 토끼 굴로 달려가 '쏘옥' 숨어버려요.
다시는 나가고 싶지 않아요. 하지만 바깥에는 햇당근이 '쑥쑥' 자라고 있어요.

원하는 것이 있어도 쑥스러워 용기를 못 낼 때가 있어요.
숨고 싶은 순간이 있고, 날 어떻게 생각할지 두려울 때가 있어요.
괜찮아요. 억지로 용감한 '척' 하지 않아도 돼요
자신을 조금 기다려주세요.
용기를 내는 순간은 사람마다 다를 수 있고
간절히 원하는 것을 발견하면 그 길을 내 방식으로 걸어 갈 거예요.
좋은 친구들은 있는 그대로의 내 모습으로도 충분히
함께 할 수 있어요.

안심

아기 코끼리가 무리 앞에서 달리고 있어요.
그래서 흔들다리로 뛰어 들어가는 아기 코끼리를 아무도 말릴 수가 없어요.
딱 두 걸음 내딛자 통나무 몇 개가 '투두둑' 부러져요.
아기 코끼리가 강으로 떨어지려 해요.
거대한 코 두 개가 아기 코끼리를 가까스로 붙잡아요.
아기 코끼리가 감탄 어린 눈으로 올려다봐요.

"우리 아가, 너는 안전해.
네가 필요할 때 언제나 네 곁에 있을 거야!"
아기 코끼리는 안심이 돼요. 다시 가던 길을 함께 걸어가요.
아기 코끼리의 발걸음은 훨씬 힘차졌어요.

나를 아끼는 사람들의 사랑이 항상 그 자리에 있다고
느끼는 안심은 새로운 도전을 두려워하지 않게 해요.

불안

가슴이 '꽉' 죄어 와요. 신경이 '바짝' 곤두서 있어요.
늑대가 올 것만 같아요. 양은 너무너무 불안해요.
무리에게 나쁜 일이 생길까 두려워요.
친구들은 모두 평온해 보이지만 걱정 많은 양은
안절부절못하며 이쪽저쪽으로 뛰어다녀요.
맛난 풀도 제대로 먹지 못하고 친구들과 재밌게 놀지도 못해요.
불안은 미리 준비하고 대비할 수 있도록 돕지만
지금의 즐거움과 행복을 놓치게도 해요.
불안은 나를 믿으면 잠잠해져요.

힘든 일들은 닥칠 수 있어요.
하지만 우리에겐 그것을 이겨낼 힘도 있어요.

자존감

늑대가 나타나지 않아도 양치기개는 묵묵히 양을 지켜요.
양치기개는 양들이 무리에서 떨어지지 않도록 안내해요.
늑대는 무리에서 떨어진 양을 공격하거든요.
하지만 양들은 양치기개에게 가끔 불평을 해요.
"우리를 그냥 좀 내버려 둬."
그럴 때면 양치기개는 아무도 자기 마음을 몰라주어
혼자가 된 것 같아요.

하지만 양치기개는 알아요.
자신은 책임감이 강하고 양들에게 없어서는 안 되는
든든하고 믿음직한 친구라는 것을요.
그때 양들이 양치기개에게 다가와 말해요.
"힘들 땐 우리에게 기대도 돼. 우린 친구니까."
자존감은 내가 믿는 내 모습이에요.
내가 멋지고 소중한 이유는 내가 그렇게 믿기 때문이에요.

호기심

한 번도 스컹크를 본 적 없는 아이들이 덤불 뒤에서 넋을 놓고 스컹크를 보고 있어요.
스컹크의 털은 온통 검은색이고 하얀 줄무늬 하나가 등줄기를 타고 '쭉' 이어져 있어요.
정말 귀여워요.
새끼 네 마리가 어미 주위에서 장난을 치고 있어요.
아이들은 스컹크와 함께 뛰어 놀고 싶어졌어요.

스컹크에게 '살금살금' 다가가요.
스컹크를 만지면 어떤 느낌일까? 스컹크는 우리를 반겨줄까?
가슴이 '콩닥콩닥' 기분 좋게 뛰어요.
호기심은 울타리를 벗어나 새로운 세계로 나아가게 하는 힘이에요.
호기심은 나와 다른 것들을 경이로운 눈으로 바라보는 마음에서 생겨나요.

혐오

스컹크가 코를 킁킁거리며 냄새를 맡아요. 위험을 감지한 거예요.
스컹크가 꼬리를 '휙' 들어 역겨운 액체를 뿜어요. 액체가 아이들의 옷에 '좍악' 튀어요.
토할 뻔한 아이들은 속이 울렁거려 웩웩대며 그 자리에서 달아나요.
아이들은 더 이상 스컹크가 귀엽지도 사랑스럽지도 않아요.
아이들에게 이제 스컹크는 혐오스러운 동물이 되었어요.
하지만 스컹크의 행동은 스스로를 보호하는 방법이에요. 스컹크는 너무 억울해요.

싫고 꺼려지는 마음을 혐오라고 해요.
서로가 달라서 생기는 오해가 혐오를 일으켜요.
스컹크의 입장에서 생각해 보면 어떨까요?

좌절감

둥지는 아늑하지만 이제는 날아오를 때가 됐어요.
어린 새는 아래를 내려다봐요. 망설여져요.
하지만 용기를 끌어 모아 깊은숨을 들이쉬고 날개를 펼쳐요. 공중으로 몸을 날려요.
날개를 퍼덕이고 또 퍼덕이지만 결국 아래쪽 나뭇가지에 부딪치고 말아요.
쓰리고 아파 '찍찍' 울음이 터져 나와요. 어린 새는 자기 자신이 실망스러워요.

좌절감은 애쓴 것들이 물거품이 됐을 때
너무 속상해서 다시 하고 싶지 않은 마음이에요.
우리는 모두 배우는 중이에요. 배울 때는 실수할 권리가 있어요.
애써도 안 될 때 자신에게 말해 주세요.
"도전하는 내가 자랑스러워, 실패해도 괜찮아, 도전이 더 멋진 거야!"

자부심

떨어져서 깃털을 몇 개 잃고 나니 둥지로 돌아가고 싶어요.
하지만 힘들어도 이겨내야 해요.
"난 날 거야. 나는 날고 말 거야." 어린 새는 혼잣말을 해요.
다시 자세를 잡고 공중으로 몸을 날려요. 성공이에요!
나무 위로 돌아온 어린 새는 자랑스러운 마음에 가슴을 한껏 부풀려요.
어린 새의 지저귀는 소리가 온 사방에 울려 퍼져요.

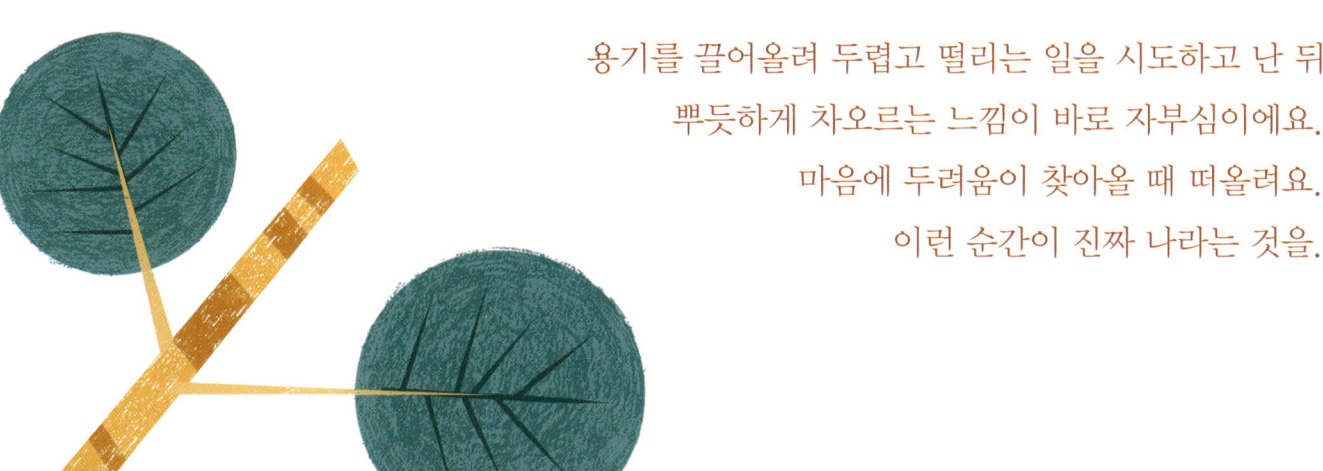

용기를 끌어올려 두렵고 떨리는 일을 시도하고 난 뒤
뿌듯하게 차오르는 느낌이 바로 자부심이에요.
마음에 두려움이 찾아올 때 떠올려요.
이런 순간이 진짜 나라는 것을.

어색함

두더지는 어두컴컴한 땅속에 살았어요. 바깥은 위험해 보였거든요.
두더지는 눈이 나쁘지만 냄새를 정말 잘 맡아요.
어느 날 아니면 어느 밤, 두더지는 땅속 터널에서 다른 두더지와 마주쳐요.
둘 다 홀로 있기를 좋아하다 보니 이럴 때 어떻게 해야 할지 알 수가 없어요.
둘은 수줍게 코를 부딪치고 냄새를 '킁킁' 맡아요. 그러고는 서로에게 묻지요.
"넌 이름이 뭐야?"

어색함은 처음 만날 때나 친하지 않을 때
뭘 어떻게 해야 할지 모르는 마음이에요.
하지만 지금 친한 친구도 처음은 모두 어색했어요.
미소와 함께 널 알아가고 싶다는 마음을
친절한 질문에 담아보세요.
"넌 뭘 좋아해?"
서로를 알아가려는 마음은
어떤 마음도 따뜻하게 연결해 줘요.

만족

풀잎이 싱그러워요.
공기에서 아직도 비 냄새가 느껴져요.
엄마 소가 들판을 자유롭게 거닐어요.
다른 소들도 평화롭게 풀을 뜯으며 유유히 돌아다녀요.

해가 막 떠오르자 송아지들이 엄마 소를 향해 달려와요.
엄마 소는 더 이상 바랄 것이 없어요.